Ataques de Hambre

Eric Herman

Acquisition Classroom

Ataques de Hambre

Book and Cover Design by Eric Herman
Cover and Interior Art by www.bigstock.com

eric.herman.pchn@gmail.com

AC | Acquisition Classroom
www.acquisitionclassroom.weebly.com

ISBN-13: 978-1535314794

IBSN-10: 1535314796

Printed in the United States of America

First Edition: 2016

10 9 8 7 6 5 4 3 2 1

Table of Contents

Para mi amor,

por tu apoyo y por haber aguantado el

ruido que yo hacía en la noche para

escribir este libro.

Note to the Teacher

These stories can be read fluently by early and young Spanish beginners. The original stories are so well known that they serve as the perfect platform into a new language. In addition, the patterned plots and the limited vocabulary used to tell the stories guarantee a fluent reading experience for everyone, including elementary-aged readers.

There are three versions of each classic fairy tale. The first is the popularly known story. The second version will retell the story from a character's point of view and either argue for his/her innocence or make a confession. The third version will tell the story of what happened next, after the events of the popularly known story.

The book does not have to be read from beginning to end. Pick and choose the stories you are interested in reading. There is considerable language overlap among all fifteen stories and especially between each of the three versions of the same story.

Each story can serve as its own unit. I recommend following a three-step process. The steps do not have to be taken in this order and you can skip and/or combine steps. By delaying the reading of the chapter, you will ensure a more confident, easier, more fluent, and likely more pleasurable reading experience.

1) Picture Walk. Check out different versions (called "fractured fairy tales") of the picture books from the library. Ignore the written text of the books. You intend only to tell the story orally and scaffold comprehension by any means possible, such as using:

- background knowledge
- pictures
- gestures
- slow speech
- short sentences
- repetition
- translation

You may want to conclude with narration and student acting.

2) Collaborative Storytelling. The teacher guides the class in recreating their own version of the story by asking questions and deciding on final plot details. Options include recreating the same story with the same characters, recreating the same story with the characters switching roles, or creating the story that preceded or that comes after the original.

3) Read the written texts. Read the relevant chapters from this book. During read aloud, encourage kids to read the dialogue with funny voices. Also, read the text that resulted from the previous step of collaborative storytelling.

Verbs

" . . . verbs typically account for 20 percent of all words in a language . . ." (Davies, 2006, p. vii).

"The verb is a better predictor of sentence meaning than any other word in the sentence and plays the central role in determining the syntactic structure of a sentence" (Ellis, 2009, p. 148).

Since verbs are at the heart of comprehension and production, teachers may want to know what verbs should be familiar to students prior to reading the stories. Here is the list of all the non-cognate verbs that appear in this book. The "TPR" verbs are those that are typically taught in the first weeks of using the Total Physical Response method, although it is encouraged to assign all verbs a gesture and to use the gestures when necessary to aid comprehension.

High-Frequency	TPR
da – gives	**abraza** – hugs
dice – says	**abre** – opens
es – is	**cae** – falls
está – is	**camina** – walks
*****hace** – makes	*****cierra** – closes
hay – there is	**come** – eats
llama – calls	**corre** – runs
mira – looks, sees	**duerme** – sleeps
piensa – thinks	**escucha** – hears, listens
pone – puts	**grita** – yells
quiere – wants	*****pega** – hits, pegs
sabe – knows	*****quiebra** – breaks
tiene – has	**ríe** – laughs
toma – takes	**salta** – jumps
va – goes	**sienta** – sits
vive – lives	**tira** – throws
	toca – touches

Story-specific

baja - down
corta - cuts
*cuenta - counts
desea - desires, wishes
miente - lies
oye - hears
huele - smells
sopla - blows
sube - climbs
suena - sounds

Near-Cognate

cruza - crosses
necesita - needs
pinta - paints
salva - saves
sorprende - surprises
sustituye - substitutes
trata - tries, treats

Other

*guarda - puts away
gusta - pleases (likes)
pregunta - asks
regresa - returns

* Only 1 occurrence in the entire book

Davies, M. (2006). A frequency dictionary of Spanish: Core vocabulary for learners. New York, NY: Routledge.

Ellis, N. (2009). Optimizing the input: Frequency and sampling in usage-based and form-focused learning. In Long, M.H., & Doughty, C.J. (Eds), *Handbook of language teaching* (pp. 139-158). Oxford: Blackwell.

1

Los Tres Cabritos Gruff

Personajes: cabrito pequeño, cabrito mediano,
cabrito grande, trol, puente

HAY TRES CABRITOS. Son hermanos. Hay un cabrito grande. Hay un cabrito mediano. Y hay un cabrito pequeño. Están en una montaña. Tienen un problema. Se comen plantas, pero no hay más plantas en su montaña. Los tres cabritos necesitan comer.

Hay otra montaña. La otra montaña tiene muchas plantas. Las plantas son verdes, altas y grandes. Pero los cabritos no tienen acceso a las plantas. Hay un río. El río separa las dos montañas. Los tres cabritos quieren cruzar el río. Hay un puente que conecta las dos montañas.

El cabrito pequeño va al puente. Quiere comer las plantas de la otra montaña. Quiere cruzar el puente. Va al puente. Camina en el puente. <<Trip, trap, trip, trap>>, suena el puente. Un trol mira el cabrito. El trol vive debajo del puente. Es un trol grande, feo y cruel. El trol no permite que los animales pasen el puente. El trol camina al cabrito. Bloquea el puente. El trol le dice:

-¿Quién está trip-trapeando en mi puente?

El cabrito le responde:

-Soy yo, el cabrito pequeño. Quiero pasar.

El trol le dice:

-No vas a pasar. Te voy a comer.

El cabrito tiene una idea. Quiere pasar el puente. Tiene dos hermanos que quieren pasar el puente. Sus hermanos son grandes. Le dice al trol:

-Soy pequeño. No quieres comerme. Quieres comer un cabrito grande. Come mi hermano. Es grande y delicioso.

El trol prefiere comer un cabrito grande. Permite que el cabrito pequeño pase. El cabrito pequeño va a las plantas. Se come una planta verde. Está contento.

Su hermano mediano lo mira. Su hermano quiere pasar el puente. El cabrito mediano va al puente para cruzar el río.

Camina en el puente. <<Trip, trap, trip, trap>>, suena el puente. El trol está debajo del puente. Mira el cabrito. El trol camina al cabrito. Bloquea el puente. El trol le dice:

–¿Quién está trip-trapeando en mi puente?

El cabrito le responde:

–Soy yo. Quiero pasar.

El trol le dice:

–Eres el cabrito delicioso. Te voy a comer.

El cabrito tiene una idea. Tiene un hermano grande. Le dice al trol:

–Tengo un hermano grande. Quieres comer un cabrito grande. Come mi hermano. Es grande y delicioso.

El trol prefiere comer un cabrito grande. Permite que el cabrito mediano pase. El cabrito mediano va a su hermano. Se come una planta alta. Está contento.

Su hermano grande mira a sus hermanos. Quiere pasar el puente. El cabrito grande va al puente.

Camina en el puente. <<Trip, trap, trip, trap>>, suena el puente. El trol está debajo del puente. Mira el cabrito. El trol camina al cabrito. El trol bloquea el puente. El trol le dice:

-¿Quién está trip-trapeando en mi puente?

El cabrito le responde:

-Soy yo, el hermano grande. Voy a pasar.

El trol le dice:

-No vas a pasar. Te voy a comer.

-Jajaja. Imposible.

-Sí, te voy a comer.

El trol quiere el cabrito. El cabrito va rápidamente por el puente. El trol no se mueve. Con un movimiento rápido y agresivo, el cabrito usa su cabeza y tira el trol al agua. El trol flota. El trol flota por el río y se desaparece.

El cabrito grande va a sus hermanos. Se come una planta grande. Está contento. Los tres hermanos están contentos. Otros animales pasan el puente, porque el trol ya no controla el puente.

El Trol Inocente

Personajes: cabrito pequeño, cabrito mediano,
                cabrito grande, trol, puente

SOY EL TROL y esta es mi versión de la historia...
yo vivo debajo de un puente. No tengo una casa.
Los animales en las montañas no me lo permiten.
Prefiero vivir en la montaña. Prefiero comer las plantas
con los otros animales, pero no me lo permiten. Vivo
debajo del puente y el puente me sirve de protección
de los animales. No tengo amigos, porque dicen que
yo soy feo. Dicen que yo soy gordo. Dicen que yo soy
cruel. No me tratan bien. Inventan historias. Dicen
que yo como los animales que cruzan en el puente. Es
falso.

Vivo debajo del puente. Como los peces que pasan en el río. Pero no soy bueno para atrapar peces. No soy lo suficiente rápido para atrapar los peces grandes. Paso mucho tiempo con hambre.

Un día, el puente suena: <<Trip, trap, trip, trap>>. Miro un animal pequeño en el puente. Camino al animal. Le pregunto:

-¿Quién está trip-trapeando en el puente?

El animal me responde:

-Soy yo, el cabrito pequeño. Quiero pasar. Quiero comer las plantas en la montaña.

Le respondo:

-Tienes mi permiso para pasar. Pero tengo hambre. ¿Me atrapas un pez para comer?

-Soy pequeño. No soy bueno para atrapar peces. En un momento, mi hermano va a pasar por el puente. Es más grande y tiene más talento para atrapar peces.

El cabrito me ignora. El cabrito pasa por el puente. Yo regreso debajo del puente para continuar atrapando peces. Tengo más hambre. Un momento pasa y el puente suena: <<Trip, trap, trip, trap>>. Miro un animal más grande en el puente. Camino al animal. Le pregunto:

-¿Quién está trip-trapeando en el puente?

El animal me responde:

-Soy yo, el cabrito mediano. Quiero pasar. Quiero cruzar el puente y estar con mi hermano.

Le respondo:

-Pasa. Pero tengo hambre. Tu hermano me dice que vas a atraparme un pez para comer.

-Tengo un hermano más grande. En un momento, mi hermano va a pasar por el puente. Es más grande y tiene más talento para atrapar peces.

El cabrito pasa por el puente. Y yo regreso debajo del puente para continuar atrapando peces. Tengo mucha hambre. Un momento pasa y el puente suena: <<Trip, trap, trip, trap>>. Miro un animal muy grande en el puente. Camino al animal. Le pregunto:

-¿Quién está trip-trapeando en el puente?

El animal me responde:

-Soy yo, el hermano grande. Voy a pasar. Voy a comer las plantas en la montaña.

Le respondo:

-Pasa. Pero tengo hambre. Tu hermano me dice que eres muy bueno para atrapar peces.

-No voy a atrapar peces. No sirvo a un trol malo.

-¿Malo? ¿Por qué? Por favor, necesito comer.

Pero el cabrito me ignora. El cabrito corre rápidamente por el puente y yo no me muevo. No tengo la oportunidad de moverme porque no soy rápido. Con un movimiento rápido y agresivo, el cabrito me pega con su cabeza y me tira al agua. Floto por el río. Floto y floto. Y en este momento estoy flotando.

3

El Control del Puente

Personajes: cabrito pequeño, cabrito mediano,
cabrito grande, cerdito, lobo,
animal misterioso

LOS TRES CABRITOS están contentos. Pasan el puente. Comen las plantas. No tienen hambre. Solo los tres cabritos están en la montaña. Otros animales no pasan por el puente. El trol no lo permitía. Pero el trol flota en el río y los tres cabritos tienen el control del puente. Los tres cabritos quieren permitir que otros animales pasen por el puente. Pero no quieren permitir pasar a los animales que comen cabritos. Los cabritos controlan el puente.

Un día, el cabrito pequeño está en control del puente cuando un animal gordo va al puente. El animal camina en el puente. El cabrito pequeño escucha: <<Oink, oink, oink, oink>>. El cabrito pequeño le dice:

-¿Quién está oink-oinkeando en mi puente?

El animal le responde:

-Soy yo, el cerdo que escapó del lobo. Quiero pasar.

El cabrito pequeño piensa: <<¿Un lobo? Los lobos comen cabritos>>. El cabrito pequeño permite que el cerdo pase. De inmediato, el cabrito pequeño va a su hermano, el cabrito mediano. Le dice:

-Es tu turno para controlar el puente. Es posible que un lobo pase por el puente. Tú eres más grande y más fuerte. El lobo no va a pasar.

El cabrito mediano tiene el control del puente. El cabrito mediano escucha: <<Grr, Grr, Grr, Grr>>. El cabrito mediano le dice:

-¿Quién está grr-grreando en mi puente?

-Soy yo, el lobo. Quiero pasar el puente y comerme el cerdito que se me escapó.

El cabrito mediano es más grande que el lobo. Le dice:

-No vas a pasar.

El lobo lo ignora. El lobo corre rápidamente por el puente. El cabrito usa su cabeza y tira el lobo al agua. El cerdito está observando y está muy contento.

Un momento pasa y el cabrito grande va al puente. Le dice a su hermano:

-Muy bien, hermano. Controlas muy bien el puente. Es mi turno. Regresa a la montaña.

El cabrito grande es el más fuerte. Es el guardia más grande del puente. Los animales que comen los cabritos no cruzan con el cabrito grande en el puente.

Un animal misterioso camina al puente. El cabrito grande escucha: <<Fee, Fay, Foh, Fum>>. El cabrito grande está en medio del puente. Le dice:

-¿Quién está fee-fay-foh-fumiando en mi puente?

–Solo yo. Soy un cabrito pequeño. Quiero pasar y comer plantas.

El cabrito grande lo mira. Ese animal no es pequeño. Es grande. Y tiene la cabeza de un cabrito, pero es diferente que los cabritos normales. El cabrito grande le dice:

–Los cabritos tienen mi permiso para pasar por el puente. Solo los animales que comen los cabritos no tienen permiso.

El cabrito misterioso no le responde. El cabrito misterioso camina lentamente por el puente. Pasa el cabrito grande. El cabrito grande piensa: <<Pobre animal. Es diferente porque no come mucho>>. Pero el cabrito grande comete un error. No es un cabrito que pasa. Es el trol con una máscara. El trol tira su máscara al agua y cuando el cabrito grande no lo mira, tira el cabrito grande al río. El cabrito grande grita:

–¡Hermanos! ¡Tírenme una cuerda!

Los dos cabritos pequeños lo escuchan. Corren al río con una cuerda. Le tiran la cuerda a su hermano. El cabrito grande usa la cuerda para regresar a la montaña. Los tres cabritos van al puente donde está el trol. El trol les dice:

-Este es mi puente. No vas a pasar.

El cabrito más pequeño le responde:

-Está bien. No me importa. No quiero pasar.

4

Ricitos de Oro
y los Tres Osos

Personajes: oso papá, oso mamá, oso bebé,

Ricitos de Oro

HAY TRES OSOS. Hay un oso grande. Es el papá. Hay un oso mediano. Es la mamá. Hay un oso pequeño. Es el bebé. Tienen una casa.

Una chica camina. Camina sola. Tiene pelo rizado. Se llama Ricitos de Oro. Es curiosa. Colecciona flores. Enfrente de la casa de los tres osos hay flores. Ricitos de Oro camina a la casa de los tres osos.

Ricitos de Oro quiere las flores. Ricitos de Oro quiere entrar a la casa. No mira los tres osos. Dice:

–¿Hay personas en casa?

Los osos no responden. Ricitos de Oro entra a la casa. Mira tres platos. Ricitos de Oro quiere comer. Mira los platos. Hay un plato grande. Hay un plato mediano. Hay un plato pequeño. Los platos tienen sopa. Ricitos de Oro se come un poco del plato grande. Dice:

–Está caliente.

Se come un poco del plato mediano y dice:

–Está fría.

Se come un poco del plato pequeño y dice:

–Está perfecta.

Se come la sopa del plato pequeño. Ricitos de Oro entra a otra parte de la casa. Ricitos de Oro quiere una silla. Hay tres sillas. Hay una silla grande. Hay una silla mediana. Hay una silla pequeña. Ricitos de Oro se sienta en la silla grande y dice:

–Es muy grande.

Se sienta en la silla mediana y dice:

–Es grande.

Se sienta en la silla pequeña y dice:

-Es perfecta.

Pero Ricitos de Oro es muy grande para la silla. La silla no resiste. Por accidente, Ricitos de Oro destruye la silla.

Ricitos de Oro quiere dormir. Entra a otra parte de la casa. Entra a un dormitorio. Hay tres camas. Hay una cama grande. Hay una cama mediana. Hay una cama pequeña. Ricitos de Oro toca la cama grande y dice:

-Es muy dura.

Toca la cama mediana y dice:

-Es muy suave.

Toca la cama pequeña y dice:

-Es perfecta.

Ricitos de Oro se sienta en la cama pequeña. En ese momento, los tres osos entran en la casa. Miran los platos. El papá dice:

-¿Quién se comió mi sopa?

La mamá dice:

-¿Quién se comió mi sopa?

El bebé dice:

—Mi plato no tiene sopa.

Los tres osos miran las sillas. El papá dice:

—¿Quién se sentó en mi silla?

La mamá dice:

—¿Quién se sentó en mi silla?

El bebé dice:

—¿Quién destruyó mi silla?

Los tres osos entran a su dormitorio. El papá dice:

—¿Quién usó mi cama?

La mamá dice:

—¿Quién usó mi cama?

El bebé dice:

—¿Quién está en mi cama?

En ese momento, Ricitos de Oro mira los tres osos. Se escapa de la casa. Ricitos de Oro decide no entrar en esa casa en el futuro.

5

Ricitos de Oro es Inocente

Personajes: Ricitos de Oro, lobo, oso papá, mamá

LAS PERSONAS ME llaman Ricitos de Oro y esta es mi versión de la historia . . .

Tengo pelo muy rizado y de color oro. Soy una niña inteligente y bien educada. El público no tiene la información completa de mi visita a la casa de los osos. Visito mucho a los osos. Soy amiga del oso pequeño. Cuando visito a los osos y los osos no están en casa, no es un problema. Me permiten entrar. Pero ese día fue diferente.

Yo caminaba. Coleccionaba las flores bonitas. Quería dar las flores al oso mamá. Fui a la casa de los osos. La puerta estaba abierta. Grité:

–¡¿Osos, están en casa?!

Solo silencio. Pensé: <<¡Esta situación no es normal>>. Entré en la casa. Miré tres platos. Había un plato grande, un plato mediano, y un plato pequeño. Yo no quería comer la sopa de los osos. Una persona se había comido una parte de dos platos que tenían sopa. Miré el plato pequeño y no tenía sopa. Pensé: <<Una persona entró en la casa y se comió la sopa de los osos. ¿Está en la casa conmigo?>>

Entré en otra parte de la casa. Enfrente de la chimenea habían tres sillas. Me senté en la silla pequeña. Era perfecta para mí. Estaba en la silla cuando lo escuché. Escuché una voz. Dijo:

–Es muy dura.

Un momento pasó. Escuché la voz otra vez. Dijo:

–Es muy suave.

Escuché la voz del dormitorio. Fui al dormitorio. Cuando entré, un animal estaba durmiendo en la cama del oso pequeño. Usaba el suéter de la abuela de los osos. Pero no era la abuela. Era más grande que la abuela de los osos. ¡Era un lobo!

En silencio, fui a la cama. El lobo dormía. Le grité. Yo lo sorprendí. El lobo saltó de la cama y corrió por la casa. Yo corrí al lobo. El lobo estaba furioso y me atacó. Yo usé la silla pequeña como protección. El lobo destruyó la silla pequeña. Yo grité y grité como una loca. El lobo tenía miedo de mí. Se escapó de la casa. Yo pensé: <<Por mi, el lobo no va a entrar en la casa en el futuro>>.

Yo quería dormir. Fui al dormitorio y me dormí en una cama. Unos momentos pasaron y escuché gritar el oso pequeño. Miré los tres osos. Les expliqué lo que ocurrió. Los osos estaban preocupados. Me dijo el papá:

-Miramos a tu mamá. Te necesita.

Salté de la cama y corrí de la casa. Fui a mi casa. Mi mamá escuchó mi historia y estaba preocupada por mi. Me dijo:

-Los lobos se comen a los osos y se comen a los niños. Está prohibido que entres a la casa de los osos en el futuro.

6

La Venganza del
Oso Pequeño

Personajes: oso pequeño, mamá, animal, lobo

EL OSO PEQUEÑO está furioso. Quiere comer, pero Ricitos de Oro se comió su sopa. Quiere sentarse, pero no tiene una silla, porque la chica destruyó su silla. Hay pelo rizado en su cama, porque la chica usó su cama. El oso pequeño quiere venganza.

El plan del oso pequeño es comer la comida en la refrigeradora de Ricitos de Oro, robar una silla de su casa, y cortar su pelo rizado cuando esté durmiendo. El oso pequeño camina. Mira a Ricitos de Oro. Está coleccionando flores. Tiene muchas flores. El oso piensa: <<La chica roba flores>>.

La chica va a una casa en el campo. Enfrente de la casa hay una vaca muy flaca. Cuando la chica entra en la casa, el oso pequeño la observa por la ventana. No hay otras personas en la casa. El oso piensa: <<¿Dónde está la familia de la chica?>>. El oso pequeño observa a la chica. La chica va a la refrigeradora. Se come una tortilla. Toma agua con la tortilla. La chica entra a otra parte de la casa.

El oso pequeño decide que es su oportunidad. Entra a la casa por la ventana y silenciosamente, roba la refrigeradora. Se escapa de la casa con la refrigeradora. El oso pequeño mira en la refrigeradora y está confundido. Solo hay dos tortillas en la refrigeradora. El oso piensa: <<La familia de la chica es pobre>>.

El oso está contento. La chica se comió su sopa y el oso pequeño se comió las tortillas de la chica. Pero, quiere más venganza.

Entra en parte dos de su plan. Va a la casa de la chica. En la casa está la mamá con otro chico. La mamá le dice al chico:

-Jack, necesito un favor. Necesitas vender la vaca en el mercado.

El oso pequeño no mira a Ricitos de Oro en la casa. Está confundido. El oso decide entrar otro día a la casa para robar una silla. Camina a su casa con la refrigeradora y mira a Ricitos de Oro. La chica está caminando a otra casa. La chica entra en otra casa. La casa es de cemento y tiene una chimenea. La situación es muy peculiar. El oso piensa: <<¿La chica tiene dos casas diferentes?>>.

Cuando la chica entra en la casa, el oso pequeño la observa por la ventana. Hay un cerdo pequeño en la casa. El oso piensa: <<¿Quién es el cerdito?>>. El cerdito está en un dormitorio. Ricitos de Oro camina a la refrigeradora y se come unos vegetales. El oso pequeño observa a la chica. El oso pequeño mira una silla en otra parte de la casa. El oso pequeño decide que es su oportunidad. Entra a la casa por la ventana y silenciosamente, roba una silla. Se escapa con la silla por la parte atrás de la casa. Enfrente de la casa, el oso pequeño escucha a un animal. El animal grita:

–¡Permíteme entrar! ¡Voy a soplar y destruir tu casa!

Un momento pasa y el oso pequeño mira a Ricitos de Oro. Está escapándose de la casa por la chimenea. Ricitos de Oro se corre de la casa. El oso pequeño piensa: <<Estoy confundido. ¿Por qué el animal quiere destruir la casa de la chica?>>.

El oso está más contento. La chica destruyó su silla, pero el oso tiene una silla de la chica. La silla es perfecta para el oso. Pero, quiere más venganza.

Entra en parte tres de su plan. El oso pequeño va a Ricitos de Oro. La chica está caminando a otra casa. La chica entra en otra casa. La casa es pequeña y tiene un jardín. La situación es muy peculiar. La chica no toca la puerta. Solo entra.

El oso va a la casa y mira por la ventana. Hay una señora en su cama. Está mirando televisión con mucho volumen. Ricitos de Oro no va al dormitorio de la señora. La chica va a otro dormitorio y se duerme. El oso pequeño piensa: <<La chica tiene tres casas?>>.

El oso entra por la ventana y va al dormitorio donde la chica está durmiendo. Quiere cortar su pelo. Necesita un instrumento para cortar su pelo rizado. Mira en el clóset. En el clóset solo hay suéteres rojos. Y los suéteres son muy pequeños para Ricitos de Oro. Ricitos de Oro no usa un suéter rojo. El oso piensa: <<Los suéteres no son de Ricitos de Oro. Pero, ¿De quién son?>>. En ese momento, el oso escucha a un animal. El animal está en el dormitorio de la señora. Grita:

–¡Son para comerte mejor!

El oso corre al dormitorio de la señora. Mira a una chica con un suéter rojo. La chica está corriendo de un gran lobo. En ese instante el oso pequeño comprende la situación. Ricitos de Oro no vive en la casa. Ricitos de Oro no tiene una casa. El oso piensa: <<Ricitos de Oro no tiene una familia>>. El oso no quiere venganza. El oso pequeño corre rápidamente a Ricitos de Oro. Le grita:

—¡Escapémonos! ¡Hay un lobo en la casa!

Se escapan de la casa. El oso pequeño invita a Ricitos de Oro a su casa. El oso pequeño convence a su familia que adopten a Ricitos de Oro.

7

Caperucita Roja

Personajes: mamá, lobo, Caperucita Roja, abuela

HAY UNA CHICA. La chica vive con su mamá. Se llama Caperucita Roja, porque usa un suéter rojo. Su abuela no está bien. Está mal.

La mamá de Caperucita Roja le dice:

-Por favor, ve a visitar a tu abuela. Necesita chocolate.

Caperucita Roja va directo a la casa de la abuela con chocolate. Un lobo malo mira a Caperucita Roja. El lobo quiere comer el chocolate. Quiere comer a Caperucita Roja. El lobo va a Caperucita Roja. Le dice:

-¿Adónde vas, mi preciosa?

-Voy a la casa de mi abuela.

-¿Dónde vive tu abuela?

-Vive en una casa con un jardín.

El lobo tiene una idea. Quiere comer a su abuela y comer a Caperucita Roja. Necesita una distracción para la chica. Le dice:

-Mira las flores. ¡Qué bonitas! ¿A tu abuela le gustan las flores?

-Sí, le gustan las flores.

En ese momento, el lobo se va. El lobo va rápidamente a la casa de la abuela. El lobo toca la puerta. La abuela responde:

-¿Quién es?

El lobo le responde. Imita la voz de una chica:

-Soy yo. Te tengo chocolate.

-Entra.

El lobo entra a la casa. Atrapa a la abuela en el clóset. Usa un suéter de la abuela y se sienta en su cama.

Caperucita Roja está coleccionando flores. Colecciona muchas flores bonitas para su abuela.

Continúa a la casa de su abuela. Toca la puerta. El lobo le grita. Imita la voz de la abuela:

-Pasa. Entra.

Caperucita Roja entra al dormitorio de su abuela. Mira a su abuela en la cama. Caperucita Roja está sorprendida. Su abuela es diferente. Le dice a su abuela:

-Abuelita, ¡Qué ojos tan grandes tienes!

-Son para mirarte mejor.

-Abuelita, ¡Qué orejas tan grandes tienes!

-Son para oírte mejor.

-Abuelita, ¡Qué nariz tan grande tienes!

-Es para olerte mejor.

-Abuelita, ¡Qué manos tan grandes tienes!

-Son para abrazarte mejor.

-Y, ¡Qué boca tan grande tienes!

-¡Es para comerte mejor!

El lobo quiere atrapar y comer a la chica. La chica se escapa de la casa. Un agricultor pasa por la casa justo en ese momento. Mira a la chica escapándose. El agricultor va al lobo con su machete. El lobo se escapa.

Caperucita Roja le dice:

-Gracias por salvarme.

La abuela se escapa del clóset. Se come el chocolate que tiene Caperucita Roja. Caperucita Roja decide que no es buena idea caminar sola a la casa de su abuela.

8

La Abuela es mi Amiga

Personajes: Señor Lobo, Caperucita Roja, abuela

ME LLAMO SEÑOR Lobo. Soy un amigo de la abuela de Caperucita Roja. No soy malo. Soy bueno. Soy buen amigo. Esta es mi versión de la historia . . .

La abuela vive sola. Vive a mucha distancia de otras personas. Yo la visito. Le gusta mi compañía. Me prepara sopas, yo planto flores en su jardín, y miramos televisión. La abuela es mi amiga de muchos años. La familia de la abuela no sabe que yo soy su amigo. Otras personas no van a comprender una relación entre un lobo y una persona. La abuela piensa que la mamá de

Caperucita Roja no lo va a permitir. La relación es un secreto.

Normalmente, la abuela no recibe muchas visitas. La familia de Caperucita Roja la visita, pero no mucho. Y a la abuela no le gustan los chocolates que la mamá de Caperucita Roja le prepara. No le gustan las visitas. Prefiere mirar televisión conmigo. La familia interrumpe los programas de televisión. Yo prefiero que me prepare sopas. La abuela no tiene otros amigos. Solo yo. Y yo la visito mucho.

Un día, yo caminaba a la casa de la abuela. Miré a una chica. La chica caminaba sola. No era buena idea caminar sola. Habían animales malos que se comían a los niños. Yo fui a la chica. Era Caperucita Roja. Fui a la chica para defenderla. Le dije:

–¿Adónde vas, mi preciosa?

–Voy a la casa de mi abuela.

Yo tenía que actuar. Yo sabía que era Caperucita Roja. Pero Caperucita Roja no sabía que yo era amigo de su abuela. Yo sabía donde vivía su abuela, pero para actuar, le dije:

–¿Dónde vive tu abuela?

–Vive en una casa amarilla con un jardín enfrente.

Yo sabía que a la abuela no le gustaban las visitas de Caperucita Roja. Yo sabía que la abuela estaba mirando televisión y no quería interrupciones. Yo sabía que la abuela no quería comer el chocolate que tenía Caperucita Roja. Yo tenía una idea. Quería hacer un favor a la abuela. Pensé: <<Por un favor, la abuela me prepararía una sopa>>. Yo quería correr a la casa de la abuela. Necesitaba una distracción para la chica. Le dije:

–Mira las flores. Son muy bonitas. ¿A tu abuela le gustan las flores?

–Sí, me imagino qué sí.

Caperucita Roja fue a coleccionar flores. Yo fui rápidamente a la casa de la abuela. Toqué la puerta. La abuela me respondió:

–¿Quién es?

-Soy yo, tu amigo.

-Entra.

Entré a la casa. Fui al dormitorio de la abuela. Estaba mirando televisión. Le expliqué:

-Caperucita Roja te va a visitar. Tiene chocolate que su mamá preparó.

-Ay, no. No me gusta. No quiero interrupciones. Quiero mirar mi programa.

-¿Tienes un plan?

-Tengo un plan. Voy a mirar televisión en otra parte de la casa. Usa mi suéter. Te sientas en la cama. Caperucita va a pensar que tú eres yo. Me permites mirar televisión y yo te prepararé una sopa.

-No es buena idea. Pero soy tu amigo. Es posible que el plan funcione.

Yo usé el suéter de la abuela. Me senté en su cama. La abuela miró televisión en otra parte de la casa. Un momento pasó y escuché la puerta. Imité la voz de la abuela. Yo le grité:

-Pasa. Entra.

Caperucita Roja entró a mi dormitorio. Estaba sospechosa. Sabía que había una diferencia. Me dijo que yo tenía ojos, orejas, una nariz y manos grandes. Yo le respondí que ser grande es bueno. Al final me dijo:

-Y, ¡Qué boca tan grande tienes!

Le respondí:

-Es mejor para comer.

La chica sabía que yo no era su abuela. Se escapó de la casa. Gritaba. Un agricultor pasó por la casa. Caperucita Roja le gritó:

-¡Un lobo se comió a mi abuela y me quiere comer a mí!

Yo quería explicar la situación al agricultor. Miré que el agricultor tenía un machete. Yo tenía miedo. Le dije:

-Adiós -a mi amiga y me escapé.

La abuela no estaba contenta. Me dijo:

-Por favor, visítame mañana.

9

El Lobo y el Niño que Grita

Personajes: lobo, mamá, pastor, dos agricultores

EL LOBO SE escapa de la casa de la abuela. Tiene miedo del agricultor con el machete. El lobo corre de la casa. No se come a la abuela ni a la chica con el suéter rojo. Tiene hambre. Decide que comerse a una persona es una mala idea. Va al campo donde hay ovejas.

En el campo hay un niño que es pastor. Un pastor es una persona que tiene ovejas. El lobo observa al niño. Mira que no tiene mucho control de las ovejas. El pastor no tiene mucha experiencia. El lobo observa al niño por un día completo y forma un plan.

El niño está aburrido. El niño mira las flores y no mira las ovejas. En la noche, el niño entra las ovejas en una casa para animales. El lobo piensa: <<Cuando el niño no esté mirando, me robaré una oveja y me la comeré. Voy a ponerme la piel de la oveja. El niño va a pensar que soy una de las ovejas. Me va a permitir entrar en la noche a la casa con las ovejas. En la noche me comeré el grupo de ovejas>>.

En la mañana, el lobo observa a la mamá. La mamá le dice al niño:

-Necesitas estar atento. Hay animales malos. Los animales malos se comen a las ovejas.

El niño piensa que es cómico. Piensa: <<No tengo miedo. Soy un buen pastor>>. El niño va al campo con sus ovejas. Cuando el niño está mirando las plantas, el lobo va rápidamente a las ovejas. Se come una oveja. Se pone su piel. Las ovejas están gritando. Tienen la atención del niño. El niño va a las ovejas. Les dice:

-¿Cuál es el problema? Están gritando. ¿Hay un ataque de un lobo?

Y el niño mira el número de ovejas. Les dice:

-Tengo doce ovejas.

En ese momento, el niño mira al lobo que tiene la piel de la oveja. El niño le dice:

-Eres diferente. Tus pies no son los pies de una oveja.

El lobo no tiene piel de oveja en sus pies. El plan del lobo no funciona. El lobo se escapa con la piel de la oveja. El niño grita:

-¡Lobo! ¡Lobo! ¡Hay un lobo atacando a mis ovejas!

Las personas en la comunidad escuchan al niño pastor. Las personas corren al niño con sus machetes. Pero el lobo se desapareció. Un agricultor del pueblo le dice al niño:

-¿Dónde está el lobo?

El niño le responde:

-El lobo se comió una de mis ovejas. El lobo se escapó.

Otro agricultor les dice a los otros agricultores:

-No hay un lobo. ¡El niño miente!

El niño le responde:

-Sí, hay un lobo. El lobo quiere ser una oveja. Se pone piel de oveja.

Las personas del pueblo se ríen. Es cómico. El niño está nervioso y se ríe. Un agricultor le dice:

-¡Mira! El niño piensa que es cómico. Se ríe. ¡Miente!

Las personas regresan al pueblo. El niño les grita:

-¿Adónde van? ¿No van a atrapar al lobo?

No le responden. Regresan al pueblo. El niño está solo con las once ovejas. El lobo los está observando. El niño está más atento. Pero unos minutos pasan y el niño está aburrido de mirar a las ovejas. El niño va al río para tirar rocas en el agua. El lobo corre a las ovejas. Necesita más piel de oveja. Necesita más piel para ponérsela en sus pies. Se come otra oveja. Se pone la piel en sus pies. Las ovejas gritan. El niño las escucha. El niño va a las ovejas. Les dice:

-¿Cuál es el problema? ¿Regresó el lobo?

El niño mira el número de ovejas. Les dice:

-Tengo mis ovejas, excepto por la oveja que el lobo se comió.

En ese momento, el niño mira al lobo que tiene la piel de la oveja. El niño le dice:

-Eres diferente. Tu cola no es la cola de una oveja.

El lobo no tiene piel de oveja en su cola. El plan del lobo no funciona. El niño grita:

-¡Lobo! ¡Lobo! ¡Hay un lobo atacando a mis ovejas!

El lobo se escapa con la piel de la oveja. Las personas en la comunidad escuchan al niño pastor. Las personas corren al niño con sus machetes. Pero el lobo se desapareció. Un agricultor del pueblo le dice al niño:

-¿Hay otro lobo? ¿En serio?

El niño le responde:

-Sí, en serio. El lobo se comió otra de mis ovejas. Se pone la piel de la ovejas en su estómago y en sus pies. Pero no se pone la piel en su cola.

Otro agricultor les dice:

-Escuchamos la historia. Es cómica. ¡El niño miente!

El niño trata de convencer a los agricultores. Les dice:

–Tenía doce ovejas y solo hay diez.

Un agricultor le dice:

–¡Mientes! No habían doce ovejas.

Las personas del pueblo se ríen. Es cómico. El niño se ríe. Un agricultor les dice:

–¡Mira! El niño piensa que es cómico. Se ríe.

Las personas regresan al pueblo. El niño les grita:

–Por favor. ¡Atrapen al lobo!

No le responden. Regresan al pueblo. El niño está solo con las diez ovejas. El lobo está observando. El lobo piensa: <<Las personas en el pueblo piensan que el niño miente. No regresarán si el niño grita. No necesito entrar a la casa en la noche para comerme las ovejas. Me las comeré en este momento>>. El niño está atento, pero no le importa al lobo. El lobo no se pone la piel de las ovejas. El lobo corre directo a las ovejas. El niño lo mira. El niño grita:

–¡Lobo! ¡Lobo! ¡Hay un lobo atacando a mis ovejas!

Las personas del pueblo lo escuchan. Lo ignoran. Las personas del pueblo piensan que el niño está mintiendo. El lobo se come una oveja. Se come otra. El niño tiene pánico. El niño corre al pueblo. Les grita:

-¡Hay un lobo comiendo mis ovejas!

Pero las personas piensan que el niño está mintiendo. El lobo piensa: <<Las ovejas son deliciosas>>. El lobo se come el grupo de ovejas. Tiene más hambre. Camina por el campo y mira a unos cerditos. Los cerditos están construyendo casas. El lobo piensa: <<Me comeré los cerditos>>.

10

Los Tres Cerditos

Personajes: mamá, cerdito pequeño,

               cerdito mediano, cerdito grande, lobo

HAY UNA FAMILIA de cerdos. El papá y la mamá no quieren a los tres cerditos en casa. Los tres cerditos comen mucho. La mamá les dice:

-Necesitan otra casa.

El hermano grande tiene una idea. Les dice a sus hermanos:

-Vamos a construir casas. Construyamos tres casas.

Los tres cerditos van a vivir aparte de sus papás. El cerdito más pequeño prefiere comer y no construir una casa. Le dice a su hermano grande:

-No quiero construir una casa. Tengo hambre.

—Es tu decisión. Pero una casa será tu protección.

—No necesito protección. No tengo miedo.

Rápidamente, el cerdito pequeño construye su casa. La construye de bananas. Pasa el resto del tiempo comiendo pizza.

El cerdito mediano prefiere mirar televisión. No quiere construir una casa. Le dice a su hermano grande:

—No quiero construir una gran casa. Quiero mirar mi programa.

—La casa será tu protección de los animales malos. Pero es tu decisión.

—No tengo miedo.

Rápidamente, el cerdito mediano construye su casa. La construye de plantas. Pasa el resto del tiempo mirando televisión.

El cerdito grande es diferente. Es más inteligente. Para más protección, quiere una casa de cemento. Pasa mucho tiempo construyendo su casa. No come mucho ni mira televisión. Sus hermanos están contentos. Pero el cerdito grande prefiere construir una buena casa.

Un día, el cerdito pequeño está en su casa de bananas. Está comiendo pizza. Mira un animal grande enfrente de su casa. ¡Es un lobo! Los lobos se comen a los cerditos. Pero el cerdito pequeño no tiene miedo. El lobo le grita:

–¡Permíteme entrar!

–¡No! Es mi casa. No te tengo miedo.

El lobo no necesita entrar. Mira el material de la casa. Es cómico. Le responde al cerdito pequeño:

–Solo necesito soplar. Destruiré tu casa.

El lobo sopla. El aire destruye la casa. El cerdito pequeño se escapa. Va rápidamente a la casa de su hermano mediano. El lobo lo mira escapándose.

El hermano mediano permite entrar a su hermano pequeño a la casa. Su hermano pequeño le explica la situación.

–Hay un lobo. Quiere comerme.

El cerdito mediano no tiene miedo. Continúa mirando su programa. En ese momento, el lobo le grita:

-¡Permíteme entrar!

El cerdito mediano le responde:

-¡No! No te tengo miedo.

Para el lobo, es cómico. El lobo no necesita entrar. Mira el material de la casa. Le responde al cerdito pequeño:

-Con un poco de aire destruiré tu casa.

El lobo sopla. El aire destruye la casa. El cerdito pequeño y el cerdito mediano se escapan. Van rápidamente a la casa de su hermano grande. El lobo los mira escapándose.

Los hermanos entran a la casa del hermano grande. Le explican la situación.

-Hay un lobo. Nos escapamos, pero destruyó las casas.

El cerdito grande no tiene miedo. Está preparado para estas situaciones. Continúa preparando su sopa. El lobo está enfrente de la casa. El lobo mira los tres cerditos. Quiere comerse a los tres. Les grita:

–¡Permítanme entrar o destruiré su casa!

–¡No vas a entrar! –le responde el cerdito grande.

–Soplaré y destruiré tu casa.

El lobo sopla y sopla. Pero no funciona. El aire no afecta la casa. El cerdito grande tiene una casa de cemento y el lobo no la destruye.

Pero el lobo tiene otro plan. Quiere entrar por la chimenea. Pasa rápidamente por la chimenea. Pero el hermano grande está usando la chimenea para preparar su sopa. El lobo se cae en la sopa. Los tres cerditos comen sopa de lobo. Otros lobos reciben la información de que los tres cerditos se comen a los lobos. Los tres cerditos no tienen más problemas con lobos en el futuro.

11

La Confesión del Cerdito Pequeño

Personajes: cerdito pequeño, cerdito mediano,
cerdito grande, lobo

SOY EL CERDITO pequeño. Soy el cerdito que construyó su casa de bananas. Tengo una confesión. Esta es la historia real . . .

El lobo es mi amigo. El lobo es el amigo de mis hermanos. El lobo vive en el campo. Voy al lobo y le digo:

–¿Nos permite construir casas en su propiedad?

–¡Sí! Lo permito.

Construimos tres casas en la propiedad del lobo. El lobo es muy generoso. El lobo es un asistente para la construcción de las casas. El lobo quiere que yo construya una buena casa para mi protección. Yo le digo al lobo:

-Prefiero comer pizza que construir una casa.

Mi hermano mediano le dice:

-No quiero construir una gran casa. Quiero mirar mi programa.

El lobo nos responde:

-La casa es tu protección de los animales malos. Pero es tu decisión.

Solo uno de mis hermanos, el cerdito más grande, decide construir una buena casa de cemento.

Un día, miro al lobo enfrente de mi casa. El lobo me grita:

-¡Amigo! ¡Permíteme entrar!

-¡Entra! Mi casa es tu casa.

Literalmente, es su casa, porque está en su propiedad. Y el lobo construyó parte de la casa. El lobo me dice:

—Necesitas escaparte de la casa. Hay un huracán. El huracán va a destruir tu casa.

Corro con el lobo a la casa de mi otro hermano. El aire del huracán destruye mi casa. No es el lobo. El lobo no destruye la casa. No sopla. ¡Qué ridículo!

Entramos a la casa de mi hermano. Le explico:

—Un huracán destruyó mi casa.

Mi hermano no tiene miedo del huracán. Su casa es más fuerte que mi casa. Continúa mirando su programa. En ese momento, el lobo nos grita:

—¡Amigos! ¡Miren!

El lobo está frente de las columnas de la casa. Voy al lobo. El lobo indica a las columnas. Las columnas que soportan la casa tienen muchos insectos. Le digo al lobo:

—¿Qué son?

—Son insectos.

—¿Qué tipo de insectos?

—Son termitas. La casa tiene una infestación de termitas.

En ese momento, la casa se mueve. Las termitas están destruyendo la casa. Nos escapamos de la casa. Mi hermano mediano nos grita:

–¡La televisión! ¡Salva mi televisión!

El lobo entra a la casa. Desconecta la televisión. Corre de la casa con la televisión. No es el lobo que destruye la casa. El lobo no sopla. ¡Qué ridículo!

Vamos a la casa de mi hermano grande. Entramos a la casa de mi hermano. Le explico la situación:

–Un desastre natural destruyó mi casa. Unos insectos se comieron la otra casa.

El hermano grande me responde:

–¡Qué mal! Mi casa es su casa. Tengo dormitorios extras.

Mi hermano grande está preparando una sopa. Mi hermano mediano va a un dormitorio para conectar su televisión. Nos grita:

–La televisión no funciona. Necesito ajustar la antena.

El lobo le responde:

-No es un problema. Yo ajustaré la antena.

Yo le digo:

-Yo soy su asistente.

El lobo generoso y yo caminamos en la casa. Pero soy un cerdito gordo. No camino muy bien en la casa. Por accidente, me caigo. El lobo salta para atraparme, pero por accidente, mi amigo se cae en la chimenea. Se cae en el plato de sopa.

Es un accidente. No soy asesino. No como sopa de lobo. Pero pienso: <<No hay evidencia de que es un accidente. No quiero ir a la prisión>>. Necesito una historia diferente para la policía y para los reporteros. Inventamos la historia del lobo que soplaba.

1 2

Atrapados en Casa

Personajes: lobo, cerdito pequeño, cerdito mediano,

cerdito grande, doctor, pintor, mamá

EL LOBO ATRAPA a los tres cerditos en la casa de cemento. El lobo sopla, pero no destruye la casa. El lobo pasa por la chimenea, pero no funciona. No entra a la casa. El lobo está enfrente de la casa. Observa a los tres cerditos. Los tres cerditos tienen miedo. Están atrapados. El lobo les grita y les grita:

–¡Permítanme entrar! ¡Permítanme entrar!

Los tres cerditos no le responden. Un día pasa. El lobo no grita más. Los tres cerditos miran por la ventana y no miran al lobo. El cerdito más pequeño dice:

-No hay un lobo enfrente de la casa.

El cerdito más inteligente, el cerdito que tiene la casa de cemento, le responde:

-No abras la puerta. No abras la puerta, excepto para permitir entrar a familia.

Un momento pasa y una persona toca la puerta y grita:

-¡Abran la puerta! Es tu mamá.

El cerdito pequeño y el cerdito mediano le responden:

-¡Mamá! ¡Entra!

Los dos cerditos van a la puerta, pero el cerdito más grande los intercepta. Les dice:

-¡Idiotas! No es tu mamá. No es su voz. Mamá tiene una voz alta. Pero la voz es baja. Es una trampa. Es el lobo.

Los cerditos le gritan:

-¡No eres mamá! No tienes la voz de mamá. ¡Eres el lobo!

Sí, es el lobo. El lobo va a un doctor. Le dice:

-Dame una medicina para mi voz. Quiero una voz alta.

-No sirvo a lobos.

-Dame la medicina o si no te voy a comer.

El doctor tiene miedo. Le da una medicina. El lobo usa la medicina y va a la casa de los tres cerditos. Toca la puerta y grita:

-¡Abran la puerta! Es tu mamá.

El cerdito pequeño y el cerdito mediano le responden:

-¡Mamá! ¡Entra!

Los dos cerditos van a la puerta, pero el cerdito más grande los intercepta. Les dice:

-Necesitamos chequear. Es posible que no sea mamá.

El cerdito más grande e inteligente grita al lobo:

-¡Quiero mirar tus manos!

El lobo pone sus manos enfrente de la ventana. Los cerditos miran las manos. No son las manos de su mamá. Su mamá tiene manos blancas. Las manos son negras. Es una trampa. Es el lobo.

Los cerditos le gritan:

–¡No eres mamá! No tienes las manos de mamá. ¡Eres el lobo!

Sí, es el lobo. El lobo va a un pintor. Le dice:

–Píntame las manos. Quiero manos blancas.

–No sirvo a lobos.

–Píntame las manos o si no te voy a comer.

El pintor tiene miedo. Pinta sus manos. El lobo va a la casa de los tres cerditos. Toca la puerta y grita:

–¡Abran la puerta! Es tu mamá.

El cerdito pequeño y el cerdito mediano le responden:

–¡Mamá! ¡Entra!

Los dos cerditos van a la puerta, pero el cerdito más grande los intercepta. Les dice:

–Necesitamos chequear. Es posible que no sea mamá.

El cerdito más grande e inteligente grita al lobo:

–¡Quiero mirar tus manos!

El lobo pone sus manos enfrente de la ventana. Los cerditos miran las manos. Las manos son blancas.

Los tres cerditos le gritan:

–¡Mamá! ¡Mamá! ¡Entra!

Abren la puerta. El lobo entra en la casa. Los tres cerditos tratan de escaparse. El lobo es más rápido. Se come a los tres cerditos. El lobo está contento. Se duerme.

Mucho tiempo pasa. La mamá real de los tres cerditos visita a la casa. Entra y no mira a los tres cerditos. Miró al lobo con su gran estómago. Rápidamente, la mamá va al doctor. Le dice:

–Dame medicina para dormir. Dame medicina muy fuerte.

El doctor le da medicina. Rápidamente, la mamá va a la casa. Le da la medicina al lobo. Abre el estómago del lobo. Los tres cerditos están vivos. La mamá sustituye los cerditos con tres rocas. Cierra el estómago y los cuatro cerdos se escapan de la casa.

El lobo se duerme por un día completo. Abre sus ojos y quiere tomar agua. Va a un río para tomar agua. Se inclina para tomar agua y se cae. Se cae en el rió a causa de las rocas.

13

Jack y el Frijol Mágico

Personajes: mamá, Jack, hombre misterioso, giganta,

gigante, arpa

JACK ES UN chico. Vive en un área rural. Vive con su mamá. Son pobres. Necesitan más dinero. Tienen una vaca. Jack y su mamá venden la leche de la vaca. Hay un problema. La vaca ya no tiene leche. La mamá le dice a Jack:

-Necesito un favor. Necesitas vender la vaca en el mercado.

Jack no quiere vender la vaca, pero no hay otra opción. Jack va al mercado con la vaca. Pero las personas en el mercado no quieren la vaca. Jack va a su casa con la vaca. Un hombre misterioso le dice:

-Chico, ¿Quieres unos frijoles mágicos?

-¿Por qué quiero frijoles mágicos?

-Cuando plantas los frijoles, resulta una gran planta.

Jack lo considera. Está interesado. Vende su vaca por unos frijoles mágicos. Va a su casa con los frijoles mágicos. Entra a la casa. La mamá está súper contenta. Le dice:

-¿Cuántos dólares recibiste por la vaca?

-No tengo dólares, mamá. Tengo unos frijoles mágicos.

-¿¡Qué?!

La mamá está furiosa. Tira los frijoles. No permite que Jack coma. Jack quiere comer, pero va a su dormitorio.

En la mañana, Jack está en shock. Enfrente de la casa hay una gran planta. ¡Los frijoles son mágicos!

Con mucha curiosidad, Jack sube la planta. Al final, Jack mira un castillo grande. Jack quiere comer. Va al castillo. Una persona muy grande, una giganta, está en el castillo. Jack le dice:

-Señora, ¿Es posible tomar agua y comer unas tortillas?

-No es buena idea. Mi esposo es más grande que mí y más cruel. Mi esposo se come a los chicos.

-Comeré rápidamente. Quiero mucho comer. Por favor.

La giganta le permite entrar al castillo. Le da agua y le da una tortilla. Jack está comiendo cuando un gigante entra al castillo. El gigante grita: -¡Fee, Fay, Foh, Fum! Hay un niño. Lo quiero comer.

-No hay niños en el castillo -le responde la giganta.

El gigante acepta lo que dice su esposa. Su esposa le da unos animalitos para comer. El gigante se los come. Va a un saco y cuenta sus monedas. Jack mira las monedas y las quiere. Con las monedas, solucionará los problemas que tiene su familia. El gigante se duerme. Jack roba las monedas y se escapa del castillo. Se baja por la planta y va a su casa con las monedas. Su mamá está muy feliz. Pero Jack y su mamá usan el dinero. Otra vez, están pobres.

Jack decide ir al castillo. Sube por la planta. Va al castillo. Entra silenciosamente. El gigante grita: —¡Fee, Fay, Foh, Fum! Hay un niño. Lo quiero comer.

Los dos gigantes no miran al niño. El gigante va a una gallina. Le dice:

—Pon un huevo.

Y la gallina pone un huevo. Es un huevo especial. Es un huevo de oro. El gigante guarda el huevo y va a su dormitorio. Jack quiere la gallina. Con los huevos, solucionará los problemas que tiene su familia. El gigante se duerme. Jack roba la gallina y se escapa del castillo. Se baja por la planta y va a su casa con la gallina. Su mamá está muy feliz. Pero un día la gallina ya no pone huevos. Jack y su mamá tienen un problema.

Jack decide ir al castillo. Sube por la planta. Va al castillo. Entra silenciosamente. El gigante grita: —¡Fee, Fay, Foh, Fum! Hay un niño. Lo quiero comer.

Los dos gigantes no miran al niño. El gigante va a su dormitorio. Jack escucha música. Jack va al dormitorio del gigante. Jack mira un instrumento. Es un arpa de oro. El gigante le dice al arpa:

-Quiero escuchar música clásica.

-Sí, señor -responde el arpa.

El arpa toca música clásica. El gigante se duerme. Jack quiere el arpa. Con el arpa, solucionará los problemas que tiene su familia. Jack va al arpa. La quiere robar. Cuando la toca, el arpa grita:

- ¡Señor! ¡Señor! ¡Están robándome!

El gigante ya no duerme. Mira al niño con el arpa. Quiere atrapar a Jack. Jack va rápidamente a la planta con el arpa. Jack es más rápido que el gigante. Jack se baja por la planta con el arpa. Y, el gigante se baja por la planta también. Jack grita a su mamá:

-¡Necesito un machete!

Su mamá le da un machete. Jack corta la base de la planta. La planta se cae. El gigante se cae. El gigante se cae al océano y se desaparece. Con el arpa, Jack y su mamá viven felices. La gallina pone huevos de oro cuando escucha la música del arpa. Jack y su mamá venden los huevos de oro. Jack no quiere visitar más el castillo.

14

Jack, Soy tu Papá

Personajes: papá, gigante

SOY EL PAPÁ de Jack. Tengo una confesión . . .

Soy el hombre misterioso que le dio a Jack los frijoles mágicos en el mercado. ¿Por qué quería su vaca? No quería su vaca. Le di los frijoles mágicos por la vaca, porque Jack y su mamá necesitaban dinero. Los gigantes en el castillo tenían dinero. Era mi dinero. Tenían una gallina y un arpa. Eran míos.

En el pasado, yo vivía en el castillo con la mamá de Jack. Era mi esposa. Vivimos felices. No teníamos preocupaciones. Yo era un científico. Yo inventé los frijoles mágicos en mi laboratorio. Yo experimenté con gallinas para crear una gallina que ponía huevos de oro. Yo me bajaba por la planta en el día y vendía los huevos de oro. Yo construí el arpa que tocaba música para mi esposa. Yo inventé los gigantes para construirnos un castillo. Los gigantes eran mis sirvientes. Vivimos felices por varios años.

Pero al final de un día de vender los huevos en el mercado, regresé al castillo y miré a mi esposa atrapada. Los gigantes atraparon a mi esposa. Yo estaba confundido. Les dije a los gigantes:

–Gigantes, ¿Cuál es el problema?

El hombre gigante me respondió:

–Fee, Fay, Foh, Fum. Quiero comerme el niño.

El niño al que se refería el gigante era mi bebé. El bebé se llamaba Jack. La presencia del niño transformó al gigante. Normalmente, el gigante comía animalitos. Comía los cerditos que atrapaba mi sirviente, el lobo. Y comía los cabritos que atrapaba mi otro sirviente, el trol. El trol era producto de otro experimento mío. El gigante prefería comer animalitos bebés. La presencia de un bebé humano en el castillo afectó al gigante. Le expliqué al gigante que no era posible que se comiera a mi bebé. El gigante insistió en comer niños. Me dijo:

-No soy tu sirviente. Me sirves a mí.

Para salvar a mi esposa y a mi bebé, yo acepté. Le dije al gigante:

-Soy tu sirviente. Te voy a atrapar niños. Tengo dos asistentes, el lobo y el trol que atraparán niños. Pero, necesitas aceptar un pacto. Permite escapar a mi esposa y a mi bebé.

El gigante consideró mi pacto y lo aceptó. Me dijo:

-Ja ja ja. Acepto tu pacto. Pero es imposible prevenir la profecía. Una noche, estaba durmiendo y un ángel me dijo que un chico llamado Jack entraría a mi castillo en el futuro.

Mi esposa y mi bebé se bajaron por la planta. Vivieron pobres. Mi esposa se separó de mí. Tenía miedo de los gigantes. Tenía miedo de la profecía. Mi esposa pensó que su separación de mí sería protección de los gigantes.

Por diez años yo viví aparte de mi familia. Pero, la observaba. Miraba que eran pobres y que necesitaban dinero. Yo tenía un plan. Jack fue al mercado. Yo fui a Jack. Jack me dio su vaca. Yo le di unos frijoles mágicos. No le dije a Jack que yo era su papá. Fue difícil para mí, pero no le dije que era su papá. Mi ex-esposa no estaba contenta. Solo yo tengo frijoles mágicos. Mi esposa estaba furiosa con Jack porque yo le di los frijoles mágicos. Pero yo no permitiría a Jack subir la planta solo. Yo estaba observando.

En la noche, Jack estaba durmiendo, y yo me subí por la planta. Yo entré al castillo en silencio. La versión original de la historia dice que el gigante se dormía y Jack robaba. ¿Por qué se dormía? Porque yo entré un ingrediente mágico en la tortilla del gigante. El gigante comía tortillas con sus animalitos. El ingrediente mágico era muy fuerte. Causaba dormir a los monstruos más grandes. El gigante contó las monedas y se durmió. Miró los huevos de oro y se durmió. Escuchó la música del arpa y se durmió. No me gustaba el arpa. Era muy honesto. El arpa traidora reportó al gigante que Jack estaba robándola.

¿Por qué era posible para Jack escaparse de un gigante? Por otro efecto del ingrediente mágico. El ingrediente causó que el gigante se moviera lentamente. Mi plan funcionó. Por mis acciones, Jack y mi esposa viven felices.

15

Los Deseos de Jack

Personajes: agricultores, Jack, hombre misterioso, genio, mamá, Jill

LA HISTORIA ORIGINAL de Jack dice al final que Jack vive feliz. Pero el final real es diferente. Jack se roba el arpa y el gigante se desaparece, pero . . .

Por unos días, Jack y su mamá están felices. El arpa toca música. La gallina pone huevos de oro. Jack vende los huevos de oro en el mercado. Pero la giganta está furiosa. Su esposo, el gigante, se cayó de la planta al océano. La giganta vive sola por el resto de su vida. La giganta sabe que Jack y las personas en su comunidad son agricultores. Dependen de las plantas para vivir. Y las plantas necesitan agua de las nubes para vivir. La giganta quiere venganza. Evapora el agua de las nubes. El agua no cae a las plantas y las plantas no viven.

Los agricultores están muy preocupados. Escuchan la historia de Jack y piensan que Jack ha causado el problema con las plantas. Los agricultores van a su casa y le dicen:

-Las plantas no viven. Tú causaste el problema.

Jack solo tiene una opción: entrar al castillo y dar a la giganta sus monedas, gallina y el arpa. Jack va al mercado. Va al hombre misterioso. Jack mira al hombre con su vaca y quiere la vaca. Tiene muy buenas memorias de la vaca. La vaca era una buena amiga. Jack le dice:

-¿Cómo está mi vaca?

-Está bien.

-Bien. Necesito más frijoles mágicos.

-¿Qué tienes para mí?

Jack le da unos huevos de oro al hombre misterioso. El hombre misterioso le da unos frijoles mágicos. Jack va a su casa y planta los frijoles.

En la mañana, Jack mira por su ventana. Enfrente de la casa hay una gran planta. Con mucha precaución y preocupación, Jack sube la planta con el saco de las monedas, la gallina y el arpa. Jack piensa: <<La giganta va a perdonarme. La giganta ya no va a evaporar las nubes. Los agricultores me perdonarán>>.

Jack mira al castillo. Su plan es entrar silenciosamente. Jack entra al castillo y pone el saco, la gallina y el arpa en el castillo. No mira a la giganta. Va a bajarse por la planta, pero escucha a la giganta. Jack va al dormitorio de la giganta. La giganta tiene una lámpara en sus manos. La giganta dice:

-Por favor, funciona. Quiero un deseo más. Quiero a mi esposo.

El genio en la lámpara le responde:

-¡No tienes más deseos, mi majestad. Usaste los tres deseos en las monedas, la gallina y en el arpa.

Jack piensa: <<La lámpara permite tres deseos. Quiero la lámpara>>.

La giganta se duerme. La giganta duerme y Jack roba la lámpara y se escapa del castillo. Se baja por la planta y va a su casa con la lámpara.

En su casa, Jack toca la lámpara y un personaje mágico le responde:

–Soy el genio de la lámpara. Te permito tres deseos.

Jack está emocionado. Jack le dice:

–Deseo ser un príncipe.

De inmediato, el genio convierte a Jack en un príncipe. Jack tiene una corona en su cabeza. Jack está muy emocionado. Grita:

–¡Funcionó! ¡Soy un príncipe! Tengo dos deseos más.

Jack piensa: <<Un príncipe necesita una princesa>>. Jack toca la lámpara y le dice al genio:

–Deseo una princesa.

De inmediato, hay una princesa. La princesa le dice a Jack:

–¡Hola! Soy Jill, tu princesa.

Jack está muy emocionado. Jack tiene un deseo más. No quiere usar su deseo final. Los agricultores van a la casa de Jack. Un agricultor le dice:

—Su majestad, no hay agua. Las plantas necesitan agua.

Jack sabe por qué no hay agua. Jack robó la lámpara de la giganta. La giganta sabe que Jack le robó su lámpara. Jack no quiere dar la lámpara a la giganta. Jack tiene otra idea. Quiere robar el agua de la giganta.

Jack planta un frijol mágico. Resulta una gran planta. Jack toma su lámpara y sube la planta con Jill. Está subiendo la planta y Jack mira para abajo. Jack mira al mercado. Mira al hombre misterioso con su vaca. Jack piensa: <<Pasé muy buenos momentos con la vaca>>. Jack le grita a Jill:

—Deseo el pasado cuando la vaca era mi amiga.

El genio en la lámpara escucha a Jack y piensa que es un deseo. De inmediato, la planta se mueve violentamente. Jack y Jill están subiendo la planta para obtener agua, cuando Jack se cae, su corona se quiebra, y Jill se cae. La planta se desaparece. Jill se desaparece. Jack está enfrente de su casa. Enfrente de la casa está la vaca. Jack está en shock. La mamá de Jack le grita:

-Necesito un favor. Necesitas vender la vaca en el mercado.

Cognados

acceso	asesino	clásica
accidente	asistente	closet
acciones	ataco	colecciona
aceptar	atención	color
actuar	atrapar	columnas
adopten	bananas	cómico
afecta	base	compañía
agresivo	bebe	completa
agricultor	bloquea	comprende
aire	capitulo	comunidad
ajustar	castillo	conecta
ángel	causa	confesión
animal	cemento	confundido
antena	chequear	considera
aparte	chimenea	construir
área	chocolate	contenta
arpa	científico	continuar

controla	dólares	familia
convence	dormitorio	favor
convierte	educada	final
crear	efecto	flores
cruel	emocionado	flota
curiosa	enfrente	forma
decide	entra	frente
defenderla	error	funciona
delicioso	escapa	furiosa
dependen	especial	futuro
desaparece	esposa	generoso
desastre	estomago	genio
desconecta	evapora	gigante
destruir	evidencia	grupo
diferente	excepto	guardia
difícil	experiencia	historia
directo	experimente	honesto
distancia	explica	humano
distracción	extras	huracán
doctor	falso	idea

idiotas	interrumpe	montana
ignora	inventan	mueve
imagino	invita	música
imita	jardín	natural
importa	justo	nervioso
imposible	laboratorio	normal
inclina	lámpara	numero
indica	literalmente	observa
infestación	machete	obtener
información	mágico	océano
ingrediente	majestad	ocurrió
inmediato	mascara	opción
inocente	material	oportunidad
insectos	medicina	original
insistió	memorias	otra
instante	mercado	pacto
instrumento	minutos	pánico
inteligente	misterioso	papa
intercepta	momento	parte
interesado	monstruos	pasa

pasado	prevenir	resto
pastor	princesa	resulta
peculiar	príncipe	ridículo
perdonarme	prisión	roba
perfecta	problema	rocas
permiso	producto	rural
permite	profecía	saco
persona	programa	secreto
pizza	prohibido	separa
plan	propiedad	serio
planta	protección	servir
plato	publico	shock
policía	rápido	silencio
posible	real	sirve
precaución	recibe	situación
preciosa	refrigeradora	solucionara
prefiere	relación	sopa
preocupación	reporto	soportan
prepara	resiste	sospechosa
presencia	responde	suéter

suficiente

súper

talento

televisión

termitas

tortilla

traidor

transformo

trol

turno

usa

varios

vegetales

vende

versión

violentamente

visita

volumen

Glosario

* Most verbs only listed in third person singular form

a - to

abajo - down

abierta - open

abraza - hugs

abre - opens

abuela - grandmother

aburrido - bored

adiós - goodbye

adonde - to where

agua - water

al - to the

alta - high, tall

amarilla - yellow

amigo - friend

anos - years

atrás - back

baja - down

bien - good

blancas - white

boca - mouth

bonitas - beautiful

bueno - good

cabeza - head

cabrito - little goat

cae - falls

caliente - hot

cama - bed

camina - walks

campo - field

casa - house

cerdo - pig

chico - boy

cierra - closes

cola - tail

come - eats

comida - food

como - as, like

con - with

conmigo - with me

contó - counted

corona - crown

corre - runs

corta - cuts

cruza - crosses

cual - which, what

cuando - when

cuántos - how many

cuatro - four

cuenta - counts

cuerda - cord

da - gives

de - of, from

debajo - below

del - of the, from the

deseo - desire, wish

día - day

dice - says

diez - ten

dinero - money

doce - twelve

donde - where

dos - two

duerme - sleeps

dura - hard

e - and

el - the

en - in, on

entre - between

eres - you are

es - is

escucha - hears, listens

ese - that

está - is

este - this

feliz - happy

feo - ugly

flaca - skinny

frijol - bean

frío - cold

fue - went

fuerte - strong

gallina - hen

gordo - fat

gracias - thank you

grande - big

grita - yells

guarda - puts away

gusta - pleases (likes)

había - there was

hace - makes

hambre - hunger

hay - there is

hermano - brother

hola - hellow

hombre - man

huevo - egg

ir - to go

la - the

le - to him/her

leche - milk

lentamente -slowly

llama - calls

lo - it, him

lobo - wolf

loca - crazy

los - them

malo - bad

mamá - mom

mañana - morning, tomorrow

manos – hands

más – more

me – to me

mediano – medium

medio – middle

mejor – better, best

mi – my

miedo – fear

miente – lies

mío – mine

mira – looks, sees

mucha – much, a lot

muy – very, really

nariz – nose

necesita – needs

negras – black

ni – nor

niño – boy

no – no, not

noche – night

nos – to us

nubes – clouds

o – or

oírte – hear you

ojos – eyes

olerte – smell you

once – eleven

orejas – ears

oro – gold

oso – bear

oveja – sheep

para – for, in order to

peces – fish

pega – hits, pegs

pelo – hair

pequeño – small

pero – but

pez – fish

piel – skin

piensa – thinks

pies - feet

pinta - paints

pintor - painter

pobre - poor

poco - a little bit

pone - puts

por - for, through

porque - because

pregunta - asks

pueblo - town

puente - bridge

puerta - door

que - that

quiebra - breaks

quien - who

quiere - wants

regresa - returns

ricitos - little curls

ríe - laughs

rio - river

rizado - curled

rojo - red

sabe - knows

salta - jumps

salva - saves

se - to himself/herself

señor - Mr.

ser - to be

si - if

sienta - sits

silla - seat

solo - alone, only

sopla - blows

sorprende - surprises

son - they are

soy - I am

su - his, her

suave - soft

sube - climbs

suena - sounds

sustituye - substitutes

te - to you

tiempo - time

tiene - has

tipo - type

tira - throws

toca - touches

toma - takes

trampa - trap

trata - tries, treats

tres - three

tu - your

tú - you

un - a

unos - some

va - goes

vaca - cow

vamos - we go

venganza - revenge

ventana - windo

verde - green

vez - time

vida - life

vive - lives

voz - voice

y - and

ya - anymore

yo - I

ABOUT THE AUTHOR

Eric Herman is a comprehension-based language teacher and second language acquisition enthusiast. He loves helping teachers to learn a scientifically-supported approach to developing fluency. Eric is constantly trying to improve his own instruction and innovate better ways to engage students and facilitate language acquisition in the classroom. Eric acquired Spanish while in the Peace Corps in Honduras. He served as a Youth Development Volunteer in the town of his wife-to-be. He is the author of *How to use MovieTalk to Teach with Comprehensible Input* (IJFLT, 2014) and *Speed Readings for Spanish Learners* (Blaine Ray Workshops, 2015).

CPSIA information can be obtained
at www.ICGtesting.com
Printed in the USA
FSHW011950100619
58942FS